La Sonrisa Atlántica
Poesías y Cuentos Contigo

LA SONRISA ATLÁNTICA

POESÍAS Y CUENTOS CONTIGO

neKaneyyo

Círculo Rojo
EDITORIAL

Primera edición: febrero 2024

Depósito legal: AL 154-2024

ISBN: 978-84-1061-524-3

Impresión y encuadernación: Editorial Círculo Rojo

© Del texto: neKaneyyo
© Maquetación y diseño: Equipo de Editorial Círculo Rojo

Editorial Círculo Rojo
www.editorialcirculorojo.com
info@editorialcirculorojo.com

Impreso en España — Printed in Spain

*A mi padre y a mi madre, porque somos
los valores que heredamos.
A mi vida con Alberto y a nuestras
cuatro obras publicadas: Judit, Carlos, Iris y Mónica.*

*Y a Luis, que apareció a la hora exacta
cuando llegaba la tarde.*

Índice

Introducción

Este último verano, como si de una asignatura pendiente se tratara, rebusqué en las cajas abandonadas del viejo solanar, eran tres, colocadas una encima de otra, en vertical, aplastadas por su propio peso y hundidas por falta de atención. En las solapas leí mi nombre, neKane, en minúsculas y la K gigante, como a mí me gustaba escribir mi nombre. Decidí abrirlas y darme una vuelta por mi pasado.

Volvieron a mi mano escritos desordenados y sentimientos no correspondidos. ¡Qué difíciles aquellas adolescencias en las que amas y no te aman, en las que mueres un poco sin morirte del todo, en las que nadie parece entenderte! En cada línea que leía, neKane se hacía mayor y avanzaba, sí, avanzaba, solo que lo hacía un poco despacio.

Después de cinco décadas, neKane es ahora neKaneyyo: ha crecido en años, en experiencias y en saber cómo ver el mundo y verse a sí misma. Sigue soñando, por supuesto, pero lo hace por el día, no por las noches. neKaneyyo compartimos cuentos y poemas; ya no hablamos solo de amor, hablamos del día a día, de que nadie escucha, de las falsas modestias y de las copias falsas, de lo que es auténtico, de lo que nos emociona, de los sueños pendientes, de una generación invisible y de otras muchas cosas.

Somos una desde hace tiempo. Pegadas por las espaldas, por las miradas, por las caderas, siempre nos apoyamos en nuestros versos y en nuestras comas, y, a veces, por supuesto, nos enfadamos, como buenas amigas que somos.

neKane escribe y yo vivo; ella ve historias en mis heridas, flores en las tumbas y esperanzas en cada vida; yo le susurro y sigo mirando a través de mi ventana.

Nos alimentamos la una de la otra y sobrevivimos. Son las ventajas de compartir cuerpo.

LA SONRISA ATLÁNTICA

Cuando leo a Pessoa
tengo hambre de lunas,
y la niña de
sonrisa atlántica dice
lo que habrá de pasarme
y no pasarme nunca.

HABÍA UNA VEZ

LA SONRISA ATLÁNTICA

Soy una niña, tengo el pelo blanco y alguna cana rosa. Nadie recuerda mi nombre y nadie sabe por qué no crezco, veo lo que me hace falta y dejo de ver lo que no puedo. Mi casa flota suspendida entre capas atmosféricas, paralelos y meridianos. Sobrevuelo la esfera terrestre y estaciono entre coordenadas.

He abierto la ventana de la cara este para ver amanecer y he visto muchas fronteras temblando de miedo jugando a la guerra. Cuando tengo calor, abro la *Claraboya* de Saramago, veo el Ártico todo nevado y el Polo Norte. Si me canso, me pego al eje terrestre. Si me da sueño, me envuelvo en una manta y me meto en la cama. Vivo sola, me alimento de aire y de auroras boreales.

Si tengo frío abro la puerta sur. He colocado rejas porque mi casa está algo inclinada y me da miedo caerme al Sahara. Me asomo con cuidado y veo a los tuaregs deambular por el desierto en busca de su independencia, pero nadie les hace caso. Y si el calor apretase, me prepararía un coctel con un paraguas de colores y me tumbaría a la bartola en una hamaca de rayas.

Se acaba el día y nadie ha venido a verme, nunca viene a verme nadie, no ha sido un gran día, ha sido solo un día más. Tiro la pared oeste y me pongo de puntillas. Veo el Caribe, la puesta de sol y sus islas más vírgenes; todas fueron violadas, nadie vio el NO en sus caras. Arrastro la mirada antes de acostarme porque quiero ver el Atlántico, doy un salto hacia atrás porque me balanceo y me dan miedo los precipicios, y allí, de pronto, pegada a mi nariz, la ciudad de Lisboa. No sé qué es lo que tiene este océano, que me arranca una sonrisa Atlántica.

¡Quién pudiera, Lisboa, deambular por tus calles como lo hizo Pessoa o ser una niña siempre! aunque no crezca nunca.

VEINTICUATROS AÑOS Y UN DÍA

El rey sol, que se había atrincherado por un tiempo, se asomaba lento por miedo de ser decapitado; mientras tanto, la luna lo miraba de reojo queriendo imaginar una tregua; sigilosa se alejaba creciente en busca de la silueta de un gato.

La hija mayor se incorporó de un salto y sus ojos se abrieron como las alas de un pelícano al iniciar el vuelo. Miró a su alrededor y vio que estaban todos juntos, los seis en la cama, apretujados en un abrazo. No recordaba nada. Uno a uno se fueron despertando, se tocaban las caras y se acariciaron el pelo, que se arrastraba hasta el suelo. Eran ellos sin duda alguna, pero algo más viejos. Se levantaron despacio, callados, deambulando como fantasmas.

Hasta más tarde no sabrían lo que había pasado ni el tiempo que había transcurrido. Los tres hijos, ayer adolescentes, hoy eran adultos, y el bebé, su bebé, una joven preciosa. El padre y la madre se miraban en silencio, intentaban recordar qué había pasado antes de haberse quedado dormidos. Las paredes enmohecidas y el suelo ennegrecido parecían haber sucumbido a una guerra y la vegetación, recia y vigorosa, se colaba por las ventanas, trepaba como en busca de alimento y plateaba con los primeros rayos de esa extraña mañana. Apartaron las raíces más robustas de la ventana y vieron el amanecer más excitante de sus vidas. Como un esbozo, el sol salía tímido, con miedo a reprimendas, y la pequeña ciudad blanquecina amanecía poco a poco, despertándose como de un sueño profundo. Todos salían de sus casas como si fuera el primer día del calendario, empujados por un soplo de aliento que los despojaba de un polvo pegajoso acomodado en sus cuerpos. Los rayos del mediodía les permitieron recobrar, poco a poco, el color de las cosas. La incertidumbre era grande y nadie tenía respuestas.

Dicen que fue un enredo entre el sol y la luna, un malentendido, una diferencia de horarios, un enfado de esos que se olvidan con el tiempo. El sol, agraviado por la luna, se había retirado esperando una disculpa y, al no hallarla, arrogante faltó a su cita precipitando un vacío que puso en jaque la anchura del universo, y la luna, que andaba distraída en su cara más oculta, alargó su sombra, sumiendo toda la esfera terrestre en una noche eterna.

Fue una decisión fría, de las que estremecen; una decisión alentada por nómadas de piel oscura que bailaban bajo el influjo de su luna, caravanas, hogueras y cánticos; nómadas que la esperaron, noche tras noche, los últimos veinticuatros años.

El día se acababa sin saber qué ocurriría mañana. No había mucho tiempo. Las idas y venidas se apresuraban, desconciertos, preguntas, todo andaba revuelto, y el sol anaranjado desaparecía altivo, como acelerado, seguido por miles de miradas. El día se acababa sin saber qué ocurriría mañana. No había mucho tiempo. Las idas y venidas se apresuraban, desconciertos, preguntas, todo andaba revuelto, y el sol anaranjado desaparecía altivo, como acelerado, seguido por miles de miradas.

Todos acudieron a la cama de matrimonio, al último abrazo. Los hijos miraban a sus padres y los padres miraban a sus hijos. Nadie sabía si esta noche habría tregua entre el arrogante sol y la orgullosa luna o si, por el contrario, seguirían los conflictos. Todas las respuestas dormirían con ellos hasta mañana, o hasta pasados veinticuatro años.

LA NIÑA VERDE ESMERALDA

Fue un parto triste, la mujer ya anciana paría sola en un pueblo de pocas almas y el padre, a los pies de la cama, rezaba. La luna hizo un giro, las montañas se encogieron y el sol entró iluminando la estancia. Y nació una niña entre hojas verdes color esmeralda, cosidas puntada a puntada. Era pequeña, muy pequeña, y no lloraba. Hasta pasados unos días no advirtieron el color de su piel: era verde, de un verde intenso, y brillaba.

Su madre la crio resignada culpándose por haberla tenido tan anciana. Siempre en la lumbre cuidaba el caldero con el pañuelo cubriéndole la cara. Su padre, de cuerpo bondadoso y mejillas redondeadas, la miraba con amor y se subía el pantalón, que sujetaba con una cuerda, dando por bien hecho lo que bien hecho estaba.

Y la niña verde crecía feliz verde esmeralda, leía junto al fuego y junto a su madre ya anciana, nadie se reía de ella, pero nunca nadie le hablaba. Paseaba por los caminos y siempre sabían dónde estaba por el rastro verde de sus pisadas.

Sabía que era diferente al resto de las niñas, pero no le importaba, hablaba con la medialuna, con las montañas y con el sol, desde el ocaso hasta la aurora.

Su padre la miraba y la miraba, y la amaba porque no entendía de colores, y su madre, casi ciega, nunca advirtió que su hija era de color verde esmeralda.

Un día al levantarse, la niña vio como su verde entristecía, palidecía como un otoño precipitado a punto de perder sus hojas, le crecían raíces en sus manos y en sus piernas, y supo que se le escapaba la vida. Vino el médico y confirmó lo que se esperaba, se moría por falta de color y su sangre era blanca.

Su madre avivaba el fuego y su padre, como todos los días volvía a casa cuando caía el día; ese día vio como la estela verde de sus pisadas se subía a la copa de un árbol frente a su casa. Lo hizo ligera, como un hada, y tomó la forma de sus ramas. Por un instante, el verde fue intenso y se apagó lanzando un beso a su padre.

Una vez al año recobra su verde esmeralda, la luna hace un giro, las montañas se encogen y el sol ilumina la estancia. Ella sonríe a su padre desde la copa del árbol, entre hojas verdes, cosidas puntada a puntada.

NADA SOBRE MI MADRE

Nunca supe nada de ella. No sabía nada sobre mi madre ni tenía un padre que me hablara de ella, ni un hermano, ningún pariente lejano.

Yo nací bajo una seta y un espárrago, con una hebra de rúcula enredada en mis pies y mis manos. Andaba como los gatos y hablaba como los pájaros en un bosque circular, donde hacía frío en verano y calor en invierno. Tenía todo lo que necesitaba y no echaba nada en falta, tan solo a una madre que me acariciara de vez en cuando, que me durmiera de noche y me despertara de día. El tiempo transcurría lento y yo estaba muy sola.

Todo cambió cuando llegaron las ratas, me daban miedo. Eran grises y negras, gordas, peludas, húmedas, y, al llegar la noche, se disfrazaban de colores como las hadas, algunas de verde, otras de azul turquesa y las más presumidas de rosa. Se comían los sesos de las mariposas, las orejas de los conejos y los huesos de mis dedos.

Desde que llegaron, todo andaba revuelto, la naturaleza entera dormía con un ojo abierto y hasta las ramas se camuflaban para no ser devoradas. Así un día me desperté con una en la cara, le preparé un té con pastas mientras me ofrecía un pacto y paseaba su pelo recogido barriendo mi casa. Antes de darme cuenta ya me habían dejado tuerto de un ojo, no me importó demasiado porque era el derecho, el egoísta y tirano, el que no conocía la palabra ética. Me dijeron que andaban hambrientas y que no me haría falta, que para lo que había que ver, y a cambio me perdonarían las faltas. Me engañaron las muy ratas y no me quedó más opción que aceptar sus tratos, y así fue como perdí la mitad derecha de una vida entera.

A la mañana siguiente llegaron las más elegantes, las de piel de cordero, las de tacones de aguja y micrófonos en la boca, encantadoras de serpientes y manipuladoras de mentes, poniendo todo en orden a golpe de espada, y lo hicieron rodeadas de prensa, con faldas de gasa y colores a lo Ágata Ruiz de la Prada, se hacían selfis y portadas de moda. Me ofrecieron otro pacto y, antes de darme cuenta, ya me habían arrancado el ojo que me quedaba, el izquierdo. Era mi preferido, el que trabajaba a destajo para mantener el tinglado, el crítico, el rebelde con causa, mi confidente de día y de noche. Lo eché de menos y me dejaron ciega, en un abrir y cerrar de ojos se acabó lo que se daba. Ya luego todo fue oscuro y solo la música de las aves me dejaron ver la gama de colores.

Poco a poco fueron devorando la poca esperanza que me quedaba; luego perdí un brazo, una pierna, las orejas, la otra pierna... Al final, entre unas y otras acabaron con mi bosque circular, no me dejaron ni una sola esquina donde apoyarme. Lo peor de todo fue perder el corazón y las vísceras; el alma, la palabra y la memoria siempre fueron mías.

A pesar de mi extraña historia y de mi corta vida, solo hay una cosa que nunca superé, y fue no saber nada sobre mi madre.

UN LAZO DE COLOR ROJO

Giré el picaporte, la lumbre iluminaba parcialmente la cocina, sombras chispeantes captaban la atención del momento, el candil dibujaba un pequeño arco de luz por donde pasaba, y hasta donde alcanza la llama, humo ennegrecido. Mi abuela, de cuerpo menudo y pañuelo a la altura de sus cejas, atizaba el fuego.

Subí de uno en uno los peldaños de la escalera, diez eran los que separaban una planta de otra; no era un tramo largo, pero sí estrecho y estaba cansada, y mi madre me había dicho que subiera a la cama. Esa noche iba algo distraída y no saludé a la Vicenta; siempre lo hacía, pero hoy solo la miré de reojo. La Vicenta murió con tan solo tres añitos y colgaba de un marco algo deslucido entre bisabuelos y otros antepasados. Era mi retrato preferido, me gustaba pasear el dedo por las flores de su vestido y tocar el lazo de su cabeza, que imaginaba de color rojo. Su media melena gris era triste y parecía dibujada, todo en su conjunto formaba parte de lo cotidiano. Mientras subía, el candil iba y venía a ritmo de mi pulso y la penumbra basculaba.

Ya dentro de la cama, me había zambullido como un rayo, sujetaba con fuerza las sábanas a la altura de mis ojos, el aire silbaba y yo seguía con la mirada las sombras de la farola que entraban por mi ventana. De pronto, oí mi nombre, alguien me llamaba. Era una voz dulce, lejana, que insistía —«ven, ven»—, y yo fui como pude, me arrastré por el suelo hasta llegar a la puerta y allí me quedé inmóvil. Sentada junto a mí la Vicenta lloraba. No me sorprendí, la rodeé con mi brazo y la acerqué a mi hombro. Su cuerpo era menudo y mi mano en su melena gris me enternecía. De pronto, el resto de mis parientes colgados sacaron sus brazos de los cuadros y me hicieron señales como para que me fuera.

No tuve miedo, pero no entendía nada, y la Vicenta seguía llorando. Fue al retirar el pelo de su carita cuando vi las cuencas de sus de ojos vacías y una sonrisa perversa. Me agarró con su manita y me lanzó con fuerza a su cuadro vacío. Atrapada en el lienzo ya no pude moverme y la Vicenta con cuidado me colocó su lazo, el que yo imaginaba de color rojo; repasó con su dedito las flores de su vestido, que ya era mío, y con mi dulce cara, ahora suya, me dijo:

—¡Otro día saluda!

LA LOBA Y EL CORZO

Era una noche cerrada de invierno, el viaje desde la ciudad había sido largo y estaba cansada, solo tenía seis años y bostezaba frente a la lumbre en una pequeña silla que aún conservo, y para que no me durmiera, mi abuela, mientras preparaba la cena, me contó un cuento que le habían contado.

Había una vez un corzo recién nacido que hacía equilibrios en sus primeros minutos de vida. Su madre, una corza esbelta y de una blancura lechosa, lo miraba con ternura.

Sin que nadie nunca le hubiera dicho cómo hacerlo, se acurrucaba bajo su madre en busca de una teta que le diera leche. En ese mismo instante, una loba bajaba del valle.

Sin apenas tiempo, la loba y la corza se hallaron frente a frente, valientes y desafiantes, y sin apenas darse cuenta, la corza blanca se vio rodeada por el resto de la manada que había ido bajando en silencio, y supo que no podría proteger a su cría y que ella iba a perder la vida. Y así fue, la loba ganaba y la corza moría ante la mirada distraída de su pequeño corzo.

——¡Alto! —gritó la loba al resto de los suyos—. Ese corzo es mío. —Y el corzo recién nacido siguió a la que sería, a partir de entonces, su madre.

Aquella noche, la loba lo amamantó como a sus propias crías, y así sería de ahora en adelante, uno más de la familia, y el lobo a la loba la miraba confundido.

Pasaba el tiempo y los pequeños daban dotes de gran valentía, el pequeño corzo vivía protegido por sus hermanos y crecía feliz en su mundo de lobos.

Una mañana temprano, el lobo padre decidió que había llegado el día en que debían ir de caza, así que alineó a su pequeña manada uno tras otro, y el tercero, el corzo, detrás la madre, y el último, el lobo, jefe y padre. Había nevado, el paso era lento y las patas de sus pequeños se hundían en la nieve recién caída. De pronto, el lobo padre aulló, y su aullido bajó de las montañas hasta el valle, igual que una tormenta tras el primer relámpago; era una señal de alarma. La manada frenó, todos se miraron esperando órdenes; mientras tanto, el pequeño corzo jugaba sin entender lo que estaba pasando.

Fueron segundos de incertidumbre. De pronto, asomó una familia de osos, que bajaban del norte por la ladera de la montaña. Lo hicieron uno a uno: el padre, la madre y sus dos cachorros. La loba y el lobo lanzaron una mirada a sus lobeznos y al pequeño corzo, que jugaban felices en su primer día de caza; fue como una despedida muda; aun así, tomaron posiciones y esperaron.

El oso padre y la osa madre crecían de tamaño según se acercaban, eran inmensos, los multiplicaban por diez en tamaño, todo apuntaba un mal presagio. La loba tomó la iniciativa y la manada la seguía, los pequeños lobos y el pequeño corzo creían que se trataba de un juego y correteaban sin saber que peligraban sus vidas.

El oso padre abrió su gran boca y dejó al descubierto su potente mandíbula, los tres pequeños recularon asustados y, sin tiempo para nada más, de un zarpazo atrapó al pequeño corzo y lo alzó por encima de su cabeza como una presa de guerra. Aterrado, el pequeño corzo miró a su madre loba y esta a la osa madre, fue como una despedida, y sin bajar la vista se lanzó al cuello del oso que sostenía, victorioso, al pequeño corzo. No le sirvió de nada, por supuesto, y la loba madre moría lento aplastada por el oso, y tras ella el resto de la manada. Uno a uno tiñeron la nieve de rojo.

La osa madre dio un paso al frente y, mirando al pequeño corzo que seguía en las garras del oso padre, gritó:

—¡Alto! Ese corzo es mío.

Y así fue como por segunda vez el pequeño corzo salvaba la vida. Nunca recordó a su madre corza, una corza valiente de una blancura lechosa, ni a la loba, su segunda madre.

—Hasta donde yo recuerdo —dijo mi abuela—, fue una gran osa a la que el pequeño corzo siempre llamó *madre*.

EL IDIOTA

—Mamá, mamá —llama María a su madre por teléfono llorando.

—¿Qué te pasa, hija mía? ¿Por qué lloras? ¿Otra vez los niños?

—Sí, mamá, otra vez. Escúchame, por favor. Ha venido Kike, bueno, creo que era Kike, y me ha preguntado por qué Diego es como es, por qué se pasa todo el tiempo haciendo y diciendo idioteces, y le preocupaba pensar si él también era así y no se daba cuenta. Me he tomado un segundo y le he dicho de broma que no se preocupe, que Diego es hijo de otro padre. Ha sonreído y me ha dicho: «¡Menos mal!», y se ha ido tan tranquilo. ¿Me estás oyendo, mamá? ¡Se lo ha creído!

—Tranquilízate, cariño, te habrá tomado el pelo, ya sabes cómo es Kike.

Kike, que estaba pegado a la puerta, oyó toda la conversación, se quedó con los ojos abiertos como platos y notó como un líquido calentito bajaba zigzagueando entre el vello adolescente de sus piernas. Sin poder reaccionar, se dejó caer en la cama, pero calculó mal y se hizo una brecha en la cabeza, quedando medio inconsciente. Diego que vio a su hermano en el suelo, lo arrastró tirándole de una pierna ocultándose con él debajo de la cama.

—Mamá, mamá, ¿estás ahí? —María seguía hablando, pero su madre ya había colgado.

María, desconcertada, llamó ahora a su marido:

—Sr. Sebastián, soy María, ¿puede pasarme con mi marido? Es una urgencia.

—Enseguida, no se retire.

—Dime, cariño, cuéntame —se apresuró a contestar su marido.

—No puedo más. He estado hablando con Kike, bueno, creo que era Kike, ya sabes que se divierten haciéndose pasar uno por otro, y me ha preguntado por qué su hermano es tan idiota y si el también lo es , y yo bromeando le he dicho que no se preocupe, que se parecen pero que no son gemelos, que son hermanos de diferentes padres; y me ha contestado que vale, que ya se quedaba más tranquilo. ¿Me oyes? ¡Podemos tener hijos más idiotas! ¿Qué está pasando, cariño? ¿Por qué me ponen tan nerviosa?

—No te preocupes, María, no tiene importancia. Ya sabes cómo son. Diles que se comporten y que esta noche hablaré con ellos.

—Los he buscado por todas partes y no los encuentro, ¿se habrán ido a casa de mi madre? Estoy preocupada, habrán cruzado solos la avenida. ¡Ay, Dios mío! Ven a casa, te necesito. He llamado a mi madre y me ha colgado el teléfono.

—Cariño, ya tienen 25 años, no te preocupes. Hazme caso, intenta distraerte, vengo enseguida.

—¡No!, quiero que vengas ahora mismo.

—¡Pues ahora mismo no puedo! ¿Sabes? Estoy trabajando.

—Si no vienes ahora, cuando vuelvas, yo tampoco estaré.

—Muy bien —contestó el marido—, tú te lo has buscado. Escúchame bien, no tenemos hijos, nunca los hemos tenido y tu madre, cariño, tu madre murió hace más de 10 años. Está bien, lo has conseguido, voy enseguida.

—¿Problemas, Sr. Simarro? —le preguntó su compañero.

—No, nada importante. Mi mujer, que está algo nerviosa. Voy a hablar con el jefe, a ver si me da el resto del día libre y acabo con tantas idioteces. Sr. Puig, ¿puedo pasar?

—Pase, pase —contestó su jefe—. Dígame.

—Buenos días, venía a pedirle si podría darme el resto del día libre. Mi mujer está con un brote de ansiedad, y necesita que vaya urgentemente.

—A ver, Sr. Simarro, yo le doy el día libre si quiere —dijo apoyando las palmas de las manos sobre la mesa—, y el resto de la semana también. Pero vamos a ver, esto es una broma, ¿no? Qué idiotez es esta. ¡Pero si Vd. no está casado ni tiene mujer!

Alzó ahora los brazos por encima de su cabeza y los dejó caer con enfado de nuevo sobre la mesa.

—Haga el favor de abandonar mi despacho y continúe con su trabajo.

—Este mundo está lleno de idiotas —murmuró atónito—. ¿Qué idiota habrá escrito esto?

MÁS REALIDAD
QUE FICCIÓN

RUMBO Y KALED

Kaled era un niño huérfano. Hoy, como otros muchos días, paseaba su rutina haciendo frente a los cálidos rayos de una mañana cualquiera, siempre al compás de Rumbo, noble compañero de cuatro patas que se rascaba con furia la sarna que compartían, y se abrazaban: enroscaba sus patas con fuerza alrededor de su cuello, obligando a Kaled a sujetarlo por los lomos y a darle vueltas y más vueltas hasta caer juntos al suelo.

Kaled dormía acurrucado formando un ovillo perfecto y lo hacía en cualquier parte: debajo de un árbol, en un descampado o entre cartones. Fuera donde fuese, siempre estaban juntos Kaled y Rumbo.

Era feliz con poco de nada, nunca deseó ser otro ni tener otra suerte, se sentía afortunado de dirigir su vida, y su ira solo fluía cuando veía salir del colegio a niños como él, con sus madres, con sus uniformes impecables y atiborradas meriendas en dirección a los parques. Era entonces, y solo entonces, cuando le hervía la sangre, cuando se apoderaba de él un sentimiento primitivo y salvaje.

Rumbo siempre estaba atento y con su movimiento de cola conseguía que se desvanecieran sus peores pensamientos y poco a poco recuperara sus gestos, su mirada y su inocencia de nuevo.

Kaled soñaba poco, y en sus sueños intentaba imaginar a su madre; sería una mujer buena que le hablara con la mirada. Desde su mano izquierda hasta su mano derecha, calculaba los besos y abrazos que se habían perdido, una y otra noche se esforzaba en recordar sus sueños, y así, al día siguiente seguir soñando con ella.

Aquella calurosa mañana de mediados de agosto, el hambre madrugó con él más de lo habitual, sus tripas se retorcían sin compasión, sus pasos arrítmicos desorientaron a Rumbo, que erizaba sus viejas orejas atento a cualquier movimiento. De repente, Kaled vio su rostro reflejado en una manzana de un color rojo intenso. No veía una mirada triste; era una mirada rebelde, primitiva y tentadora, que le hizo alargar su mano en un acto de libertad soberana.

Rumbo permanecía inmóvil con el rabo entre sus patas; lo miraba tenso, vigilaba sus gestos, y Kaled hoy no quiso pedir limosna y alargó su brazo y arriesgó su vida. En un arrebato cogió la manzana que le seguía mirando, y se derrumbó la torre por encima de su cabeza, y las manzanas alcanzaron el suelo, y sus pies jugaron al balón mientras su boca se llenaba de ganas.

Fue visto rápido y juzgado allí mismo, y Rumbo, encogido, vio como su joven amo moría sin perder la vida, y comprendió que su brazo ya nunca le abrazaría el lomo.

BALTASAR

«Baltasar es nombre de rey», le decía su madre; nunca conoció a su padre. «Ni falta que te hace», le decía la gente. Hoy, al salir del colegio, no se entretuvo, se fue directo a casa.

Baltasar caminaba solo, era de cuerpo grande y de mente lenta, daba grandes zancadas y su cuerpo se balanceaba a cada paso.

Con tan solo quince años, Baltasar sabía cómo mirar hacia otro lado cuando se reían de él. Su nombre era motivo de burlas constantes, pero no le importaba: aceleraba el paso y memorizaba cada una de las piedras del camino.

Hoy algo le haría recordar una tarde de sábado que se acercó al lavadero, a la balsa que repartía el agua de riego. Le gustaba ver levantar las compuertas y ver salir el agua hacia las acequias que luego alcanzarían los huertos, ver a la última lavandera la víspera dominical y llegar hasta el abrevadero, donde puntualmente, al acabar el día, se acercarían machos y yeguas cargados de alfalfa para los conejos o sacos de semillas para la siembra. Baltasar recogería con sus manos las que se extraviaran por el camino y de vuelta a casa, las vertería una a una en la boca de algún hormiguero, y acercaría con las puntas de sus dedos, a las hormigas más viejas y rezagadas, que, como él, caminan lento y se esfuerzan a diario. Así era Baltasar, un niño de cuerpo grande y de mente lenta que caminaba solo y se balanceaba a cada paso.

HILO ROJO

Yun, de tan solo cuatro años, sufría las consecuencias de continuos bombardeos. Un día, agotada, se durmió y soñó. Al despertar, hizo lo que el hada le había dicho que hiciera y fue en busca de su hilo rojo.

Tuvieron que pasar algunos días más hasta que Yun viera sepultado entre los restos de la guerra un hilo rojo formando una flor. Con su pequeña mano tiró de él y de pronto vio cómo se despertó de las profundidades una nueva tierra; tiró de nuevo, ahora con más fuerza y levantó desiertos y ciudades, cordilleras y lagos, y siguió tirando para desenterrar el fondo de los siete mares, los océanos y los cuatro puntos cardinales. Solo quería saber quién sujetaba el otro extremo, y fue así como nos encontramos, porque en el otro extremo del hilo rojo estaba yo, su madre, esperándola desde hacía ya un tiempo.

Dicen los sabios del lugar que hay un hilo rojo que une a mamás que buscan a sus hijos y a hijos que buscan a sus mamás. Ese hilo rojo siempre estuvo ahí, solo tuvimos que encontrarlo.

Creo en los cuentos, en los hilos rojos y en los sabios del lugar.

SOLO EN LA PLAYA

Eran las tres de la madrugada, la mar estaba en calma y la luna a ras de playa. Embarcaba junto a mi madre en una noche fría menguante, persiguiendo sueños, y, mientras tanto, mi padre remaba.

No tuvimos miedo a la bravura de las olas ni al canto de las sirenas; miedo era no tener qué comer y vivir entre tanta guerra. No entendía por qué era tan pequeño y mi barriga tan grande, por qué mi casa era el cielo y mi cama el suelo que pisaba. Mi madre me ató a la barca y mi padre seguía remando.

Cruzamos mares en busca de tierras y tierras en busca de estrellas, luces tras las montañas y caminos sin piedras.

A la mañana siguiente, la mar me devolvió a la orilla. Acabó mi cuerpo solo en la playa, con la boca llena de peces y el cuerpo lleno de agua. Mis padres yacieron en el fondo de los mares: mi madre se unió al canto de las sirenas; mi padre, Neptuno, rey de los mares.

EL NÚMERO 18

El número 18 llegó a su parada con retraso, las puertas se abrieron y entre empujones todos fuimos subiendo, menos la joven mamá del carrito plegado y su bebé en brazos; ellos se quedaron en tierra, nada pude hacer por ayudarlos.

El conductor se recolocó la gorra y arrancó bruscamente, nos tambaleamos. Una señora con una pamela exagerada, y algo raída por los años, avanzaba dejándose llevar por el movimiento de la gente apretujada. Sin poder evitarlo, lo sé, impactó conmigo. Acabé aplastado por sus pechos, me recuperé como pude y ella reía y reía con su gran boca de escasos dientes y su collar de perlas falsas. Detrás, un hombre de traje gris sudaba, y la joven de pelo rojo, que subió a codazos, consiguió asentar su trasero.

El grupo de jóvenes que habían colapsado la entrada, enfundados en cascos blancos, movían sus brazos al son de quién sabe qué música. Los miraba uno a uno y no parecían malos chicos; yo tampoco lo era, pero la verdad es que ninguno de nosotros intentó ayudar a la joven mamá del carrito plegado. Me sentí mal, no reaccioné como yo hubiera esperado de mí mismo. «Qué más da —me perdoné—. Que coja el siguiente».

Miré por la ventana para distraerme un rato, la voz mecánica anunció la próxima parada; el resto, todo fue muy rápido.

—Déjenme paso, déjenme paso.

Un joven que me había pasado inadvertido avanzaba desde el fondo gritando en un idioma que nadie entendía. Levantó su camiseta blanca y un gran dispositivo quedó a la vista. Tiró de la anilla y gritó:

—**¡Alá es grande!**

GENERACIÓN INVISIBLE

Fuiste invisible como otras muchas madres, siempre presente sin que nadie te viera del todo, hija de la posguerra, poco alimentada y sobrada de experiencias. Creciste sin aspirar a nada, cuidando de los tuyos y de los nuestros; un día, un jornal, y solo llegaba hasta mañana. Te emocionabas cuando nos sentábamos en la mesa y lo dabas todo por bueno. Había valido la pena. Más tarde llegaría el desajuste de tu vida y el de tus huesos.

Fuimos, gracias a nuestras madres, los primeros ilustrados en una generación que se imponía déspota. Trabajabais dentro y fuera para que el resto de nosotros funcionáramos. Invisibles y por arte de magia poníais un plato en la mesa y os comíais las sobras, porque os enseñaron que nada que tanto cuesta se tira a la basura. Por la noche rezabais y dabais gracias por todo lo que teníais.

Siempre fuisteis demasiado viejas para ser tan jóvenes, esperabais rejuvenecer con el tiempo, y el tiempo pasaba sin pasar nada. Y nos fuimos yendo poco a poco y os dejamos solas. Nunca nadie os preguntó por qué se dobló vuestra espalda ni supimos leer en cada una de vuestras lágrimas. La fortuna, al final, pasó de largo.

Madre, te perdí hace algunos años, pero sigo viendo tu reflejo en el sacrificio de otras caras. Seguís siendo invisibles, herramienta indispensable para que una generación, egoísta como la nuestra sobreviva.

Algo ha cambiado, sí, una pandemia que nos ha dejado al descubierto, y vosotras, nuestras madres, las que nos ayudabais a tiempo completo de lunes a viernes, cuando llegaban los fines de semana os enviábamos a vuestra casa y os decíamos, "es para protegeros". ¡Generación desagradecida! ¿De verdad creéis que no se daban cuenta, tan desvirtuada es vuestra realidad que os impide empatizar con ellas, en verdad creéis que quieren seguir haciendo de madres o preferirían ser abuelas y disfrutar de sus nietos?

¡Poneos las gafas de ver generación ilustrada! La suerte no está echada. Respetadlas y dejad de regañarlas, y que les pongan si quieren un lacito rosa a sus nietas, que nunca fue una cuestión de colores ni de cuotas, que una no es más mujer porque un semáforo lleve faldas.

No, no lo hicieron tan mal, lo hicieron muy bien, de la mejor manera que pudieron, así que ama a tu madre como a ti mismo, haz que viva feliz lo que le quede de vida, libérala de cargos de conciencia o pregúntale en caso de duda y que decida solo ella.

RECORDADME AYER

Me observaban como si ya no estuviera entre ellos, hablaban de sus cosas, sonreían a medias. Parpadeé varias veces seguidas para decirles que aún estaba ahí, que había vuelto, y nadie sabía por cuánto tiempo.

Regaladme una bonita imagen, os suplicaba en vano, una imagen que refleje cuánto amor os he dado. No guardéis rencores, mis tropiezos y aciertos han hecho hoy lo que sois. Vivir, vivimos, y caminamos juntos una andadura que prometía ser fácil y a veces no lo fue. No me avergoncéis minutos antes de irme, aprended de mí y ser mejores que yo, dadme paz y seguridad, pues el tiempo está cerca.

Y les dije sin mover mis labios: ¡recordadme ayer! No hace demasiado tiempo, hubo un cuerpo abierto en dos mitades; joven, asustado y lleno de vida, tan lleno de vida que os la di entera a repartir. Fueron tiempos de miel, néctar y alguna lluvia, vuestras venidas, una tras otra, una prolongación de mí misma.

El instante fue breve, como imaginé, y mi cuerpo perdió su voluntad. Me hubiera quedado un ratito más, ¡había tantas cosas que contaros!, pero de pronto mi cabeza cayó sobre mi hombro derecho.

Inadvertida para todos me fui, más tarde supe que sería para siempre.

MI ABUELA PILAR

Era julio del 39, en plena posguerra. La pérdida de familiares, enfermedades y otras desgracias hacían que la vida fuera muy difícil; aun así, Pilar era inagotable, siempre alegre y de buen humor, se crecía ante las adversidades, no sabía leer ni escribir, ni falta que le hacía.

Pilar andaba con paso firme. Su pelo largo y negro lo recogía en un moño, dejando al desnudo su cuello largo, esbelto y de piel blanca como la nieve. Sus ojos eran pequeños, vivos y profundos como el regacho de un río. Su pronunciada nariz le imprimía carácter. Recién entrada en los cuarenta, no había perdido un ápice de frescura. Pulcra, pulida y con portes dignos de una reina, se llevaba el cesto a la cabeza —nadie diría que acababa de parir a su quinto hijo—, con alpargatas, falda larga de un gris oscuro y camisa blanca anudada a la cintura, se dirigía al río donde pasaría la tarde lavando; en su delantal, un puñado de olivas y una punta de pan duro por si le apretaba el hambre.

Durante el trayecto no dejaba de pensar en Paco, su marido. Paco se había ido a la ciudad hacía tres días a vender pieles con su vieja furgoneta. Pilar, mientras tanto, le esperaba y hacía el cuento de la lechera.

Al llegar la noche, agotada de todo el día caía redonda. Solo necesitaba unos minutos para rezar, siempre rezaba, daba gracias a Dios por todo lo que tenía y por todo lo que le faltaba.

Era el cuarto día, caía la tarde y Pilar no dejaba de pensar en Paco. Cogió un cántaro y se dirigió a la fuente, el agua vertía con fuerza. Juntó sus manos bajo el gran chorro de agua y se lavó la cara. Al levantar la cabeza, vio como una pareja de guardias civiles se acercaban a ella.

—Eh, ¡tú! ¿Eres Pilar, la mujer de Paco? —dijo uno.

—Sí, soy yo —respondió.

—Esta noche no lo esperes a cenar, y mañana… tampoco —se miraron riendo.

—Decidme, por Dios, ¿le ha pasado algo?

—Que no volverás a verlo —dijo el otro.

—¡Eso le pasa por listo! —dijo de nuevo el primero.

—Y por rojo —contestó de nuevo el otro mientras se encendía un cigarrillo.

Pilar echó mano a su cintura, la misma cintura donde apoyaba el cántaro. Fueron dos tiros secos. Nadie abrió las ventanas.

DE DENTRO AFUERA

UNA MESA COJA DE POR VIDA

Son las siete y cuarenta de la mañana, suena el despertador, me levanto como todos los días en busca de mi rutina, intento recordar algo de mi sueño, me gusta apurar mis sueños antes de que se desvanezcan del todo y para siempre. La alarma del móvil no deja de sonar, qué ganas de estamparlo contra la pared.

Me levanto y me dirijo a la cocina, mi refugio; a la derecha, la bancada de granito rosa; rota según se acerca a la encimera. Me gusta apoyarme en esta bancada rosa y seguir las vetas del mármol con mis dedos; el perfil de los cajones, tres, deslucidos por los años se resisten a encajar en sus guías. La mesa central, de madera oscurecida de recuerdos, fue tiempo atrás atacada repetidamente por cuatro niños sanos en edad de crecimiento, sin haberse podido nunca defender; muestra heridas en sus cuatro patas y está coja de por vida. Solíamos poner un papel doblado para igualarlas, a veces pienso qué habría sido de mí de haber nacido mesa, ¡ah! y no querría olvidarme de la nevera y el horno, merecedores sin duda, por los servicios prestados, de un entierro digno.

Abro ventana y subo la persiana. La persiana siempre sube torcida y el sol, más listo que el hambre, se cuela astutamente por todos sus agujeros y me regala demoníacas figuras que se proyectan por todas partes. No sé qué tienen esas malditas sombras, que siempre me embobo mirándolas.

No salgo a la calle porque no me gustan las sorpresas, prefiero mirar el mundo por los agujeros de mi persiana rota. No veo nada entero, pero no me importa, veo lo que veo y lo que no veo me lo imagino. Siempre me ha gustado ver el mundo por los agujeros de una persiana rota.

SIEMPRE TENGO LA SENSACIÓN DE LLEGAR TARDE

Cuando hablo de la vida, siempre acabo hablando de la muerte, de lo que nos roza, de tener frío, de los que duermen en la calle, de los niños sin verano y de los que tienen hambre, de las madres coraje y de los que asesinan flores. Yo soy una de ellas, yo soy las flores del campo, y si me arrancan la vida, muero en los jarrones, en los altares de las iglesias o en el estómago de las vacas.

Cuando no es ni de día ni de noche, transito por una ciudad llena de restos humanos, sin almas a la vista y con mascotas libres de tirones de cuellos, y no puedo evitarlo, siempre tengo la sensación de llegar tarde, de no saber cómo enterrar mis miedos.

Los arrancadores de flores mueren en campos yermos. Tú acabarás muriendo y nadie querrá estar contigo, tu caja se cubrirá de flores prestadas y plegarias de otros muertos.

Ya ves, solo quería hablar de la vida y acabo hablando de la muerte y de esa sensación que siempre tengo de llegar tarde.

TE PERCIBO

Te percibo en la cercanía, que no es tanta como yo quisiera, pero te siento cerca. Tan cerca te siento que tu aliento en mi cuello calienta mi sangre, que desde mis piernas fluye hasta mi cerebro, y no te ven mis ojos, pero te perciben, como el aire que me eleva, y sobrevuelo las calles; y tus manos, que un día tocaron las mías en el ascensor que sube y baja del cielo a la tierra, se entrelazaron juntas un piso y dos pisos, y tus yemas arrastraron mi cara hasta la barbilla. Pero no te veo, solo te percibo.

Y al final soñamos con nuestras manos lo que desearon nuestros cuerpos escondidos tras el respaldo o bajo el asiento que asienta nuestras vidas, una vida oculta que llegó tarde. Y así, así será siempre, lejos, sin vernos.

Y caminaré tras tus pasos y tus pasos serán los míos, y miraré al frente a suerte de encontrarte; y hoy, que me estoy yendo, veo lo que no me defrauda; y, sin querer correr, corro tanto que no me detengo, y me voy sin verte y te percibo de nuevo.

NEKANEYYO

#TUYYO

Eres el tiempo que duran las cosas y,
créeme, nada dura tanto

♠

Me miraste creyendo que no me hablabas

♠

No hay nada que más importe que tu mano en mi cara

♠

Sé que me quieres, pero necesito que me quieran más

♠

En mi relación con el dolor, sé mi medida exacta

♠

Estás en todas mis partes, de los pies a la cabeza

♠

De haber sabido que tu dolor era tan hondo,
te habría habitado antes

♠

Si no me dejas verte por dentro,
geográficamente no existes

♠

Inútil es buscarte en el instante del pasado
porque ya no estás

♠

Los momentos son como sabores:
algunos no saben a nada

♠

Tú no decides el tiempo que pierdo conmigo

♠

No es tanto lo que se ve como lo que se oculta; y aun así, todo
fue breve y escaso

♠

Te cuento las horas que faltan la vida que nos queda

♠

Confiaría en una sola palabra, pero nunca fue dicha

♠

Sin esperarla,
como nadie espera la muerte, te encontré en mi vida

♠

Ocupo mi vida sin vivir en ti

♠

La espera fue larga, pero acaso no volví y tú ya no estabas

♠

Te desdibujo para recomponerme de nuevo

♠

Si tan pequeña fuera la verdad que ocultas,
no te arrastrarías en tan grandes vanidades

♠

Hoy solo quiero echarte de menos

♠

Mi probabilidad es infinita
y mi tiempo de espera muy corto

♠

Nunca compartimos días,
fui perpetua de tus noches

♠

Prefiero ser la otra y no tenerte
que tenerte y que no estés conmigo

♠

Una fuente me recuerda
lo sola que estoy sin ti.
Si hoy, mi amor, estuvieras,
a la fuente yo no oiría

♠

Te quiero para la vida;
para la muerte yo sola me valgo

♠

Ni en tu casa ni en mi alma

♠

Si coincidiéramos en las mismas búsquedas,
nos amaríamos desde el primer encuentro

♠

Solo te llevas mis reversos;
mis besos nunca te los di

♠

En la estrecha calzada
me crucé contigo
y sin espacio para dos vidas
me agarré
a la línea continua,
y sola
continué en equilibrio

♠

Quiero un sentimiento
que lleve tu nombre
y recordarte
sin que nadie lo note

♠

Nunca pedí verte,
pero te veía cada vez que cerraba los ojos

♠

Entra
y cierra la puerta con llave

♠

No temo a nada,
solo temo que un día dejes de mirarme
como miras

♠

No quiero otra vida, quiero
otro contigo

♠

No me des cicatrices mal curadas,
yo soy de heridas abiertas

♠

Siempre habrá una ventana abierta
para tus visitas nocturnas

♠

No sé quién eres
y, aun así, me visitas todas las noches

♠

Te pienso solo un poco, lo justo para no olvidarte

♠

No quiero que tu mitad me robe lo único que tengo,
tú fuiste entero desde la primera suma, yo nunca entendí de
números

♠

Eres tan mío que, sin estar, estás más conmigo

♠

En el estado en que me encuentro, conocerte no me aportó ni
pérdidas ni ganancias,
solo fuiste un a destiempo

♠

No quiero confundir tus lunas con la soledad de mis martes ni
que me cierres la puerta antes de terminar la frase

♠

Viajo por exceso de cordura, sin tiempo
de facturar todas mis noches perdidas.

♠

No pierdo la extraña rareza de pensarte

♠

Te conocí tarde, pero fue para siempre

♠

Si tu respuesta es silencio, me matas con un hacha.
Cómo sabías tú que el silencio mataba

♠

Soy la decisión de otros

♠

Se te notaba al andar que no te importaba la vida

♠

#YOASOLAS

UNA ESTRELLA DE SEIS PUNTAS

Fuimos dos desde el principio y más tarde cuatro, porque en esta vida voy sumando.
Cuando una cayó, tres la levantaron y nos dimos cuenta de que nos faltaron manos.
Más tarde dos cometas nos llamaron a la puerta;
cuatro y dos, seis;
seis puntas para una estrella;
seis platos y una mesa llena, el final de nuestra cuenta.
No creo en los engaños,
pero nadie nos avisó de que el tiempo menguase
a la velocidad del rayo
y un año fuera un día y una vida fuera un rato.
Pronto seremos dos de nuevo, cuatro manos
y algunos años, recuerdos y miradas
que se hablan sin necesidad de decir nada.
Y cuando llegue ese momento, permaneceremos en silencio, mirándonos,
coincidiendo en momentos,
que es otra manera de seguir sumando.

UN COLOR ENTRE DOLOR Y LLANTO

Me despierto en una blancura que me envuelve,
de las paredes a los techos
y de los techos a las puertas, suelos y ventanas.
Mi cama también es blanca, sábanas y colcha de algodón
blanco, áspero y roza más que acaricia.
Mi mano sobre la bata abierta,
de una blancura desanimada,
presiona la zona del dolor,
la zona lumbar baja.
Justo ahí,
el blanco ya no es blanco y las fibras de la colcha, abandona-
das como lágrimas,
sortean hilo a hilo sus pliegues y se estrellan
contra suelo, contra la pared
hasta llegar a la ventana.
Un grito se libera y
ya no es todo blanco,
es de un color poco definido,
un color entre dolor y llanto.

CASI UN NACIMIENTO

Fui un puñado de tierra húmeda junta y apretada,
moldeada con el esmero que precisa una vida.
Deambulé entre conciencias
y me sacaron del horno
antes de estar bien cocida.
No era perfecta,
me faltaba una pierna,
la oreja derecha y el dedo corazón.
Pronto entendí cuál sería mi destino
porque tonta no era,
y mi vida dijeron
sería todo un poema.
Fui casi un nacimiento,
un fallo relativo;
cosas,
dicen,
de la Providencia.
Me quedé a un soplo de vida,
y nunca nací,
que yo sepa.

UN OTOÑO QUE SE ALARGA

No, no es invierno todavía, es otoño,
un otoño que se alarga.
Mira por la ventana como caen las hojas,
¿las ves?
Míralas, son amarillas,
voy a coger alguna
y te haré un *collage* con arena fina.
Si en algún momento de mis letras creyeras que es primavera,
solo fue la punta de una estrella,
que se confundió la muy ingenua.
No quiero que llegue el frío invierno,
No;
solo quiero que no acabe
este otoño que se alarga.

A CHÉJOV

Te veo martes y jueves sentado tras el espejo, trabajando.

Me acerco despacio a tu espalda, veo con tristeza
una gaviota muerta, un sueño renacido
y una sociedad hastiada.

¡Cuánto amor suicida en el frío suelo de Rusia!

Has vendido el jardín de Guindos,
has herido el orgullo de una familia
y al esclavo lo has hecho amo.

Infundes esperanzas que nunca serán alcanzadas,
y a las tres hermanas las envolviste en la monotonía y el tedio.

Nunca llegarían a Moscú y nunca se cumplirían sus sueños.

Rusia siempre tan grande y tan fría, donde solo hay ansias
de cambio y discursos de lucha, de una lucha lenta,
que sobre nosotros avanza como una mole tremenda.

EN este corazón atardecido, no hay espacio para casi nada.

∞

CUÁNTA soledad y no poder contar conmigo misma.

∞

TODOS protegemos algo muy hermético en el fondo.

∞

BORRA tus huellas para no repetir historias.

∞

NO cruzo las aceras
porque me dan miedo los charcos,
los mares;
me los bebo de un trago.

∞

QUÉ infeliz eres, corazón mío,
que lates
sin saber que ya estoy muerta.

∞

NADA entiendo de vidas,
y es el vivirla conmigo lo que más difícil resulta.

∞

A VECES, la vida nos adormece por un tiempo
para no herirnos más de lo debido.

∞

NO solo de amor vive el hombre, pero cuando
amamos todo cobra sentido.

∞

NO hay más mañana que ahora mismo
ni amor más desolado,
solo cuellos de botellas
y un corazón
a pedazos.

∞

A todos se nos dio aire
para respirar vida
y traiciones
para cualquier huida.

∞

NADIE debería librarse
de bailar descalzo al final de un concierto.

∞

EL amor que más duele es el propio.

∞

REFUGIARTE en los demás nunca será la solución,
básicamente porque los demás no existen.

∞

FUI isla de caimanes,
umbría de un sol desmemoriado, mi tierra
apretada echa raíces, y broto a pesar de los dragones.

∞

NO seas tan sincera,
guarda alguna verdad para sentirte a salvo.

∞

ENTRE tu vida y la vida, mi mundo.

∞

¡OH, soledad mía,
vas y vienes ocupada en otras soledades,
y te olvidas de la mía!

∞

UNA tarde azulada regresé a mi infancia:
tres lunas, un candil
y un pañuelo en las cuevas de tu cara.

∞

EL agua hervía en el fuego
y el fuego
nacía de la tierra.

∞

NO os doy lo que me sobra,
os doy todo lo que soy.

∞

MI soledad es pequeña, interior, y
la defiendo de la mejor manera que puedo.

∞

UN pie libre avanza; el otro, detrás, duda,
se retrasa y decide iniciar
su propio camino.

∞

ROBABA descuidos, era ladrón de sueños.

∞

SUJETA mi mano torcida de años;
la otra déjala,
que no mire, que
roja está de vergüenza.

∞

TU mirada es río;
la mía, estanque dorado;
tu mirada está en la tierra;
la mía, desolada,
sin lealtad ninguna.

∞

YO también fui perro callejero y
deambulé por las noches blancas.

∞

NO supe qué ponerme cuando viniste a verme,
recoloqué mi cintura entre mis muslos,
acomodé mis caderas y canalicé las arrugas
que riman con vida;
con la piel que me sobró
me hice unos guantes.
Es lo que tiene vivir
sin hilvanes.

∞

DICEN que somos como dos gotas de agua,
nadie es idéntico, y menos ellas,
que lloraron a destiempo.

∞

TENGO la vista cansada,
el cuerpo escaleno y el oído tardo, pero nada
me pasa inadvertido.

∞

ME declaro deambulante, deambulante entre vida,
rutina y otras decepciones.

∞

Y su deseo de cambiar fue tan grande que vivió
su sueño y soñó tu realidad.

∞

CÚBREME toda entera, que parezca infinita.

∞

LAS torpezas se cometen por falta de tiempo
o exceso de amor.

∞

VIVO al resguardo en la estantería de mi viejo armario,
con humedades, sin ventanas y
murciélagos en vela,
bien al fondo,
para que nadie me devore con su hambruna.

∞

SUJETO mi cabeza con las dos manos
para que no me abandone y me deje huérfana.

∞

YO misma me fui para quedarme a solas.

∞

SOLO soy una huella
de barro
que desaparecerá
con la primera lluvia.

∞

NO se trata de ganar,
quiero correr torpe y
avanzar lento,
porque no tengo prisa en llegar.

∞

Y es el alma y no la vida la que me mira circular
en esta noche blanca.

∞

ME defrauda la mañana que no estás,
el beso que no me dan en la cara, la vecina que no saluda y
el pan demasiado tostado.
Me defrauda saber que nunca serás mío y
jugar limpio cuando me hacen trampas.

∞

ESTABA muerta, sí, pero solo en apariencia.

∞

QUE vuelvan mis desgastadas suelas y, si no lo hicieran,
colgadlas como a bandidos.
¡La horca por caminar en círculos!

∞

RECUERDO el suelo de tu casa como un puzle,
como una flor seca, esquinas fusiladas
por alguna guerra, revolcones, gateos y tacones de aguja.
Suelos deslucidos de tanto jabón y agua.

∞

NO busco atajos, caminaré si es preciso dos veces
sobre mis pasos.

∞

EXPLÍCAME por qué la tierra no deja de moverse.

∞

QUIERO ser acróbata y hoy decido jugarme la vida.

∞

SALGO cada mañana dormida, vestida en triángulo,
con un ojo pintado y la raya torcida,
y no quiero que nadie me apriete el corsé,
que ya bastante me ahoga.

∞

NADIE por voluntad propia es ciego toda una vida.

∞

QUIERO viajar hacia el pasado más inquietante
que mi futuro,
quiero ver mariposas en tu barba, quiero una maleta
vacía y una vida por delante.

∞

QUE la fuerza te acompañe, yo lidio en otras guerras.

∞

NO, no quiero saber tanto de alguna cosa,
saber mucho de alguna cosa me pone triste,
y no es que sepa mucho de algo, la verdad,
pero prefiero saber poco de nada;
sí, es mejor.
Si no sé nada o poco de algo,
todo me sorprende y me río como de pequeña, ingenua,
confiada,
sin saber nada de casi nada.

∞

PREGUNTAS que se aparcan, lunas que menguan y un sol
que calienta cuanto más se aleja.

#NOSOTROSVOSOTRASYELLOS

1

LOS CUENTOS QUE NOS CONTARON
son cuentos que ya no cuentan,
historias de animalitos y hadas que han crecido,
que ya son bestias.
Cuentan por ahí y dicen que son cuentos las historias verdaderas,
contadas en las aldeas, rumores de algunas viejas.
Cuentos heredados,
libros sin encuadernar:
dicen que había un lobo las noches de luna llena
y, cuando despertaba el día,
las gallinas estaban muertas
con un tiro en la cabeza.

11

AHORA QUE TODO SE CUANTÍA,
dime cuánto vale una vida.
Te has olvidado de mí,
¿verdad?
Lo sé.
Yo también olvidé mi infancia,
que desapareció por arte de magia,
y tuve una muerte sin misa,
¿recuerdas?
¿O has olvidado
que un día tras las ventanas
todo era silencio
hasta las ocho de la tarde?

III

NO SÉ SI PEDIRTE TANTO
con la barriga tan llena.
Somos por naturaleza
selectivos en nuestras pérdidas de memoria y
luchamos solo por nuestras propias guerras.
Lo sé y, aun así, pido porque soy pidiente.
Me pido la luna
de lunes a viernes
y una varita mágica los fines de semana.
¡Que desaparezca esta tierra escalena!
Y nos la cambien por una equilátera.
Y si un día anocheciera antes de hora,
ven, no te importe,
yo nunca hago planes tan tarde.

IV

HOY HA DEJADO DE LLORAR
el cielo
como si no hubiera motivos
para seguir lloviendo.

V

NUNCA ME HIZO FALTA
meter el dedo en la llaga.

VI

EL AMOR NO LLENA BARRIGAS,
pero ayuda a soportar el hambre.

VII

NO DESCARTO UN VIENTO CUADRADO
ni abrazos que no aprieten el alma,
no descarto un clavo en la mano
ni una herida en la frente,
no descarto una vida sin muerte
ni una muerte sin vida.

VIII

NO ES CUESTIÓN DE TIEMPO,
estamos condenados a no entendernos.

IX

PASEO POR LA CIUDAD
de un tiempo a esta parte y
solo veo adoquines viejos,
puentes atropellados y ríos secos.
Nada parece moverse
y no me recuerdan las calles
ni los áticos reformados.
No estás en ninguna parte
y ya he dejado de buscarte.

X

YO IMAGINABA UNA ARMADURA
tatuada en mi piel recién nacida,
una armadura invisible
que me protegiera de la vida.
Y fui vulnerable a la hora de la luna,
entre tus piernas,
y no pudiste hacer nada,
lo sé,
al verme color plata.

XI

SIGO PERDIENDO PESO,
medio kilo al día;
esas son muchas almas,
demasiadas vidas.

XII

HAY GUERRAS
que se ganan perdiéndolas.

XIII

NACÍ EN UNA CASA TORCIDA
a las afueras del abrigo,
dibujada a pinceladas
entre el barro y la lluvia,
y la tierra estuvo
sostenida entre tus manos,
encogida y hambrienta,
menguante como la luna.
La agitaste con fuerza y
cayó la estulticia; más tarde,
los siete pecados capitales.
Ya lo decía mi madre:
«El que esté libre de culpa, que tire la primera piedra»,
y el sol salió a la hora convenida
sin fronteras, deshilachando banderas.
«Hablemos de lo que vendrá —ya lo
decía mi madre—,
que todo llegará como ladrón en la noche».

XIV

BAJO UNA ESPESA LLUVIA DE GATOS
nací y morí,
que nacer y morir en un día
es un privilegio escaso.
Fue mi casa madriguera de lobos,
que una loba es muy loba
si ha de traer comida a la mesa.
Y crecer, crecí
a la derecha del padre,
en un mural recién pintado
de arcos y de iris.
Y si yo muriera con una lanza clavada en el costado,
no pasaría nada,
que vivir, viví
más de lo que aconsejan los salmos,
y aproveché la espesa lluvia de gatos.

XV

LA MITAD DEL MUNDO FLOTA
mientras el resto se ahoga.
Deja de llorar, que no ayudas, y la mar crece.

XVI

SABEMOS LAS RESPUESTAS,
pero ninguna nos acomoda.

XVII

NO CONFUNDO EL HAMBRE
con las ganas de comer,
que mi estómago no está vacío del todo.

XVIII

NO ME QUEJO
de lo que me falta,
de levantarme temprano
ni de llorar cuando todos duermen;
solo me quejo de verte boca abajo,
solo,
en la playa
que te acercó a mi orilla.

XIX

VERTE COMO TE VI
me convirtió
en semicírculo y tangente.
No, no quiero quejarme,
y, si lo hiciera,
recordadme
la hambruna de la mar
cuando llega la noche.

XX

TOMA TODO LO QUE TENGO,
y lo que no tengo,
que es más.

XXI

DEL INFIERNO NADIE
vuelve intacto.

XXII

CUANDO LA MAREA BAJA
me sujeto a las orillas de los mares,
a la resaca de una playa en apariencia horizontal.
Cuando la marea baja, la mar se inclina
y aparecen los cuerpos de las víctimas.
Si hay algo que la mar no quiere
son vidas humanas.

XXIII

DADME UNA HEBRA DE HILO
y coseré a este niño
roto por los cuatro costados.
¿Por qué hay ladrones de vidas
en este mundo deshilachado?

XXIV

¡QUE VUELVAN MIS
desgastadas suelas!
¡Que no tarden más de una luna llena!
Colgadlas como a bandidos,
¡la horca por hacerme caminar en círculos!

XXV

LA TORRE DE BABEL,
nuestra primera guerra.
El que esté libre de culpa,
que tire la primera piedra.

XXVI

NO IMPORTA EL MOTIVO
del primer paso,
el camino es ancho
aunque se estreche,
llano
aunque se retuerzan en él las venas de los árboles,
liviano
solo te pesará el amor que no has dado
y siempre
habrá espacio para un par más de pasos.

XXVII

CON UNA IMPORTANCIA QUE
le venía grande,
cerró el portón con llave
y el siglo XVII, que me saluda cortés, desapareció.
El suelo, herido de estampas florales,
desequilibraba sus tacones raídos de otras eras,
como mis pesadas rodillas, erguidas como flechas
por ese cierto orgullico que te da el camino.
Y Santiago, que lo vio todo, me hizo un guiño
y yo le prometí que volvería mañana.

XXVIII

LA POBREZA NO ES
invisible del todo.

XXIX

SOY UN TREN DE VÍAS ESTRECHAS,
no caben sueños ni se fían primaveras, viajo en el vagón del
amor al prójimo,
tiene asientos de madera y ventanas sin pestillo.
No soy un tren corriente, aligero mi carga
antes de llegar al destino.

XXX

CUANDO DEJAS DE
preocuparte por algo, te sobra tiempo
para preocuparte por otras cosas.

XXXI

SIEMBRA Y NO MURMULLES,
que tus dudas ahuyentan la lluvia.

XXXII

PORQUE EN UN CHARCO
no solo hay barro,
también hay vida.

XXXIII

NO NECESITO
mucho más de lo que ya tengo, solo consciencia y un corazón
que bombee.

XXXIV

NO MOVERÍAS
una roca de no ser otra roca.

XXXV

LA MUERTE
es una forma diferente de estar viva.

XXXVI

LAS PREGUNTAS Y RESPUESTAS
se buscan hasta encontrarse.

XXXVII

NO ESTÁBAMOS PREPARADOS PARA SER LIBRES
y lo fuimos por castigo

XXXVIII

FUE MORIR
lo que me hizo ser árbol.

XXXIX

CÓMETE SU CORAZÓN
tú, a quien le robaron los ojos.

XL

El SER HUMANO
es el único animal que se ha domesticado a sí mismo.

.

XLI

SUEÑO DURANTE EL DÍA
lo que me roba la noche
y creo que muero
pero solo estoy dormida.

XLII

NO TE JUZGO.
¡Quién soy yo para juzgar a nadie!
Nací en una tribu
salvaje y sé lo que duelen
las huellas dactilares.

XLIII

TE CONDENO A MORIR EN LA
pereza
por no levantarte de la silla
si no es para robarme un poco.

XLIV

EL CONTINENTE ES LA FORMA
y el contenido soy yo.
¿En qué curva se asienta la dimensión de mi alma?
Reivindico las ausencias de mi forma que solapan los contenidos
de mi yo.

XLV

Y NO QUERÍA LA MAÑANA
ser otra cosa que mañana,
huir de las tardes tan llenas de horas.

XLVI

QUÉ ANCHURA LA DE MI PUERTO:
atracan veleros, bandidos
y ladrones de sueños.

.

XLVII

DESDE LA ESQUINA INFERIOR DE MI VENTA,
justo a la altura de mis ojos,
veo naturaleza, calor y prisas.
La vida postrada sigue siendo vida.

XLVIII

POR QUÉ ESE EMPEÑO
en no ser mediocres; lo somos, y todos los días.

XLIX

ALGO ESTÁ PASANDO
y se nos pasa inadvertido.
Pobres de nosotros, entretenidos
y despistados.

L

PASÉ DE ESTE MUNDO
al otro por mi propio pie y pude verte allí, al fondo.

LI

VENGO DE DONDE VENIMOS TODOS
y nos vamos juntos, cubiertos de polvo mirándonos de reojo.

LII

ESTO VA DE CAMINAR
de mirar alrededor, de sentido común,
de vivir, de compartir y de amar.
Sin amor, el mundo no se mueve, y yo no quiero estar quieta.

A LOS HIJOS DE LA GUERRA

No me gustan los daños colaterales
ni los medios que justifican los fines.
No me gustan las invasiones ni las privaciones de libertad.
Háblame de humanidad
y de respeto,
y yo te haré una guerra de almohadas
y bombas de chocolate.

SUENA LA SIRENA A DESHORAS

Suena la sirena a deshoras
y se oye un destello y algunas ruedas cojas
arrastrar vidas.
Suena la sirena y no nos avisa ya de la vuelta al trabajo,
la oigo siempre a deshoras, mientras paren
a mi primer hijo y entierro a una mujer sin cara.
El horno cuece panes que nacerán huérfanos
y unas manos muertas
yacen con el dinero exacto.
Suena la sirena siempre
siempre
a deshoras.

OCHO MINUTOS Y CUARENTA Y SEIS SEGUNDOS
A GEORGE FLOYD

Un día nuevo promete nuevas vidas y algunas muertes.
Vi como todo se movía, aunque estábamos quietos
y no pude atrapar el aire que me quedaba
ni un cauce donde reclinar mis lágrimas.
Y así fue, madre, como dejé de respirar,
con su rodilla clavada en mi cuello.
(I can't breathe).
Solo ocho minutos y cuarenta y seis segundos, breves,
eternos sobre una línea blanca.
Mi lecho improvisado de muerte.

A veces escribo desde siempre
con los ojos cerrados y el cuerpo tendido,
sin papel ni pluma,
en el registro de mi MEMORIA.

Escribo a petición suya,
busco a las recién nacidas que no han sido adoctrinadas,
del cerebro a mi mano,
la izquierda,
y las ESPERO.

Corro a mis letras, a mi silencio,
al intermedio entre lo negro y lo blanco,
al ancho y a su estrechura, al accidente de morir a DIARIO.

Eres la primera línea que nunca ESCRIBO.

No se trata de forzar palabras que rimen con rima,
la rima está en el alma
y es el alma la que HABLA.

No solo escribo para estar contigo,
escribo para no estar SOLA.

Un ejército de consonantes me persigue
a todas partes, y yo, lenta,
con una piedra en el ZAPATO.

Si no escribiera, no pasaría nada; otros lo harían por MÍ.

No hay poesía
sin amor al PRÓJIMO.

La creatividad está dentro de nosotros mismos
y es un placer
encontrarla
de vez en CUANDO.

Cuando no escribo es porque estoy viviendo,
y me falta el tiempo
y se me hace tarde,
y ya no hay palabras nuevas
ni ciencia que no sea mi propia VIDA.

Qué difícil es escribir sin morir un poco.
¿Acaso no lo hacemos desde la primera LÍNEA?

Soy un verso libre que no rima con nada y,
si rimase, no sería CONTIGO.

A MI MADRE

Hace tiempo que te habías ido sin haberte ido del todo,
uno no desaparece por más que cierre los ojos.
DÉJAME
una huella, un eco,
un regacho de tu río.
Hazme un hueco a tu lado
para cuando me vaya a dormir contigo.

Nadie supo que te estabas MURIENDO
hasta que cerraste los ojos.

Se te ve cansada en la cocina de leña,
entre romeros
tamizando la harina.
Se te ve CANSADA,
y te recuerdo muerta
llena de vida.

Cuando nos llega la muerte,
un tercio de nosotros huye a toda prisa,
otro desea volver a su rutina
y el último
DESCANSAR.
Cómo me gustaría ver adónde miras.

Tenías miedo de estar DESPIERTA
cuando llegara el momento,
y no lo estuviste,
estabas dormida.

SLEEP NO MORE

NUEVA YORK una ciudad de paso,
una ciudad en donde los sueños se amontonan
en bolsas de basura como un rascacielos más.

Nueva York, una ciudad donde los que ya no
soñamos solo pasamos por ahí.